Todo sobre
la luz
y el sonido

Connie Jankowski

Créditos de publicación

Rachelle Cracchiolo, M.S.Ed., *Editora comercial*
Emily R. Smith, M.A.Ed., *Vicepresidenta superior de desarrollo de contenido*
Véronique Bos, *Vicepresidenta de desarrollo creativo*
Dona Herweck Rice, *Gerenta general de contenido*
Caroline Gasca, M.S.Ed., *Gerenta general de contenido*

Autores colaboradores en ciencias

Sally Ride Science

Asesores en ciencias

Michael E. Kopecky, *Director del departamento de ciencias*, Bachillerato Chino Hills
Jane Weir, Magíster en física

TCM | Teacher Created Materials

5482 Argosy Avenue
Huntington Beach, CA 92649
www.tcmpub.com
ISBN 979-8-7659-6056-1
© 2024 Teacher Created Materials, Inc.
Printed by: 51497
Printed in: China

Tabla de contenido

El mundo de la luz y el sonido

Todos los días vemos cosas hermosas, extrañas e interesantes. Piensa en todas las cosas que viste hoy. Quizás observaste el cielo. ¿Había algún pájaro volando? ¿Las nubes tapaban el sol? ¿El color del cielo era azul intenso o gris apagado?

En realidad, tú no veías ninguna de esas cosas. Solo veías luz. La luz viene de los objetos cercanos y lejanos. Eso es lo que ves. De hecho, es lo que estás viendo ahora.

¿Y qué pasa con lo que oyes? ¿Qué estás oyendo ahora? Aun en los lugares y momentos más silenciosos, puedes oír sonidos. Quizás oigas una respiración suave. Quizás, el pasar de unas páginas. ¡Tal vez haya alguien sonándose la nariz! Cuando oyes esas cosas, tus oídos captan **vibraciones** de sonido.

Para la mayoría de las personas, la luz y el sonido son dos de las maneras más importantes de percibir el mundo. A través de la luz, vemos. A través del sonido, oímos.

Un tambor produce sonido cuando el parche vibra después de que lo golpean.

La importancia de la luz

¿Puedes imaginarte la vida sin luz? Todas las mañanas, tu habitación se llena de la luz que da el sol. A lo largo del día, usamos la luz para casi todo lo que hacemos. La luz nos ayuda cuando trabajamos y cuando jugamos. Sin luz, todo sería más difícil.

Antes de que se usara la electricidad, se aprovechaban las horas de sol para hacer las cosas. De noche, se usaba la luz del fuego. Las velas y las fogatas iluminaban el mundo. Más adelante, se descubrió que el aceite y el gas eran buenos combustibles para generar luz.

foco incandescente

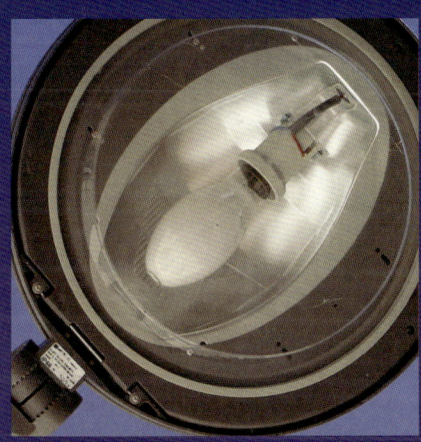

foco halógeno

foco fluorescente

¡Se hizo la luz!

No todos los focos son iguales. Los focos incandescentes utilizan un gas (por lo general, argón o nitrógeno) contenido en un recipiente de vidrio y calentado. Dentro del foco hay un **filamento** que se calienta y emite luz. Estos focos duran unas 1,000 horas. Después, el filamento se rompe.

Los focos halógenos contienen gas halógeno y filamentos de tungsteno. Cuando el filamento se calienta, se evaporan **átomos** de tungsteno. El gas halógeno reacciona con los átomos y los regresa al filamento. ¡Los átomos se reciclan! El filamento dura mucho más. Pero estos focos y los incandescentes desperdician energía al producir mucho calor innecesario.

Los focos fluorescentes producen menos calor extra, por lo que consumen menos energía. Funcionan de otra manera. Hay electrones en un tubo de gas mercurio. Los electrones chocan con los átomos de mercurio, que emiten fotones ultravioletas. Los fotones impactan en el recubrimiento del tubo y salen como luz visible.

¿Qué es la luz?

La luz es una forma de energía. La energía es la capacidad que tiene un sistema para hacer un trabajo. La energía de la luz se ve a simple vista.

La energía de la luz se llama **energía radiante**. *Radiante* significa "que emite rayos u **ondas**". El ojo humano detecta sólo un determinado tipo de energía radiante. La llamamos luz visible. *Visible* significa "que se puede ver".

La luz natural proviene de fuentes naturales como el sol y otras estrellas. Otras fuentes de luz son artificiales. Las crean las personas, como las luces de una casa y de un auto.

Vemos gracias a la luz. La luz rebota en los objetos y viaja hasta nuestros ojos. Los ojos y el cerebro se encargan de transformar esa luz en lo que vemos.

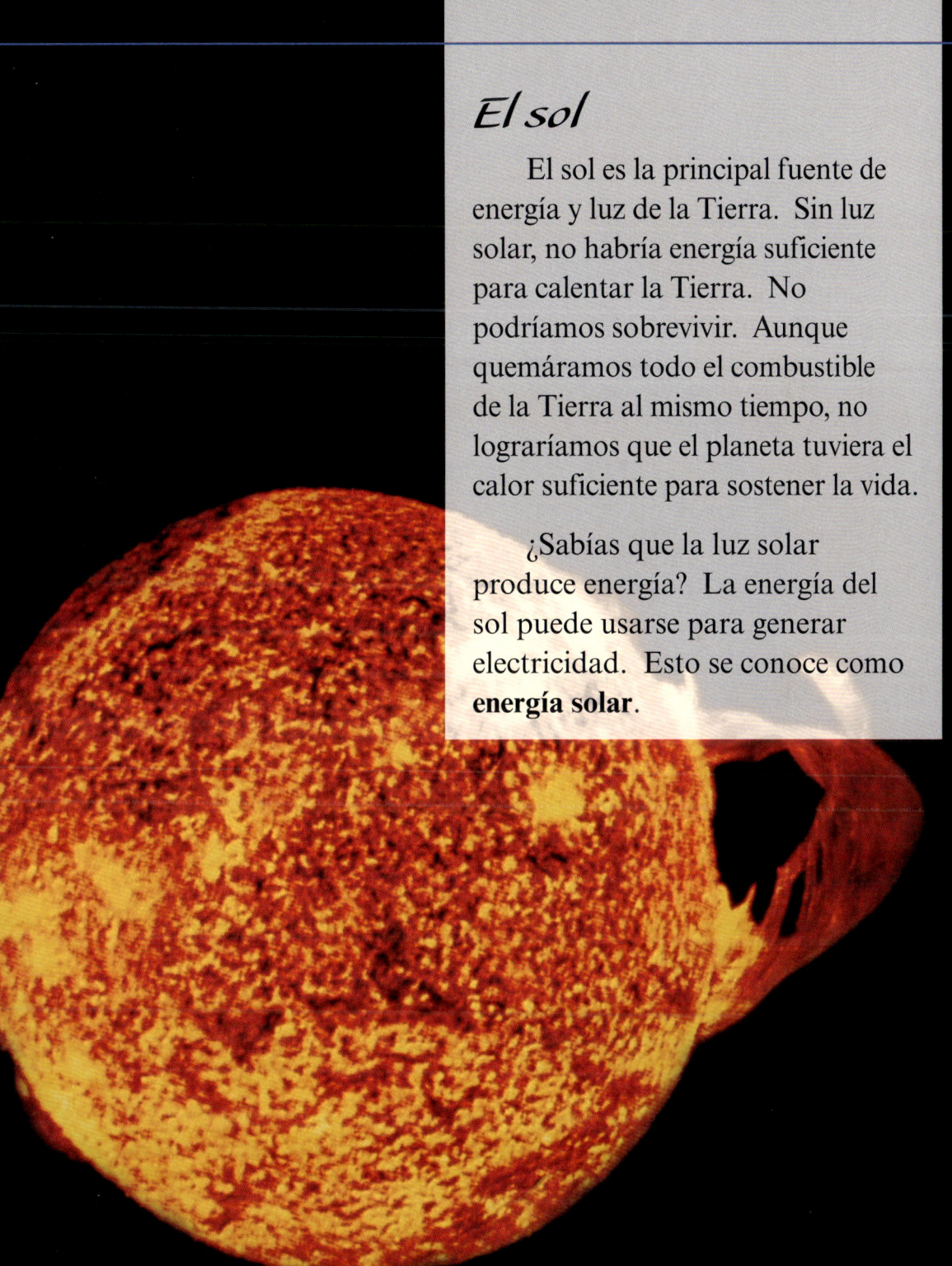

El sol

El sol es la principal fuente de energía y luz de la Tierra. Sin luz solar, no habría energía suficiente para calentar la Tierra. No podríamos sobrevivir. Aunque quemáramos todo el combustible de la Tierra al mismo tiempo, no lograríamos que el planeta tuviera el calor suficiente para sostener la vida.

¿Sabías que la luz solar produce energía? La energía del sol puede usarse para generar electricidad. Esto se conoce como **energía solar**.

¿Cómo se hace la luz?

Todo está hecho de unas partículas diminutas llamadas átomos. Más allá de si algo es grande o pequeño, sólido o líquido, o liviano o pesado, sus partes básicas son los átomos.

La luz puede provenir de átomos excitados. El calor hace que los átomos se exciten. Esos átomos se mueven más rápido. Algunos átomos excitados irradian luz.

¿Alguna vez viste la base de una sartén calentándose en la estufa? ¿Parecía que la sartén caliente cambiaba de color? Cuando se calientan, los átomos que están en la superficie de la sartén comienzan a chocar unos contra otros. Esto hace que emitan más energía. Esta energía radiante es lo que los científicos llaman luz.

La luz viaja en forma de ondas de una manera similar a las olas del mar. La cantidad de energía que lleva una onda determina el color de la luz. Las ondas se diferencian por su longitud, velocidad y tamaño. Estos tres factores se llaman **longitud de onda**, **frecuencia** y **amplitud**. La longitud de onda se relaciona con el color de la luz.

La velocidad de la luz

¡La luz viaja por el espacio vacío a una velocidad de 300,000 kilómetros (186,000 millas) por segundo aproximadamente!

La luz azul tiene la longitud de onda más corta.

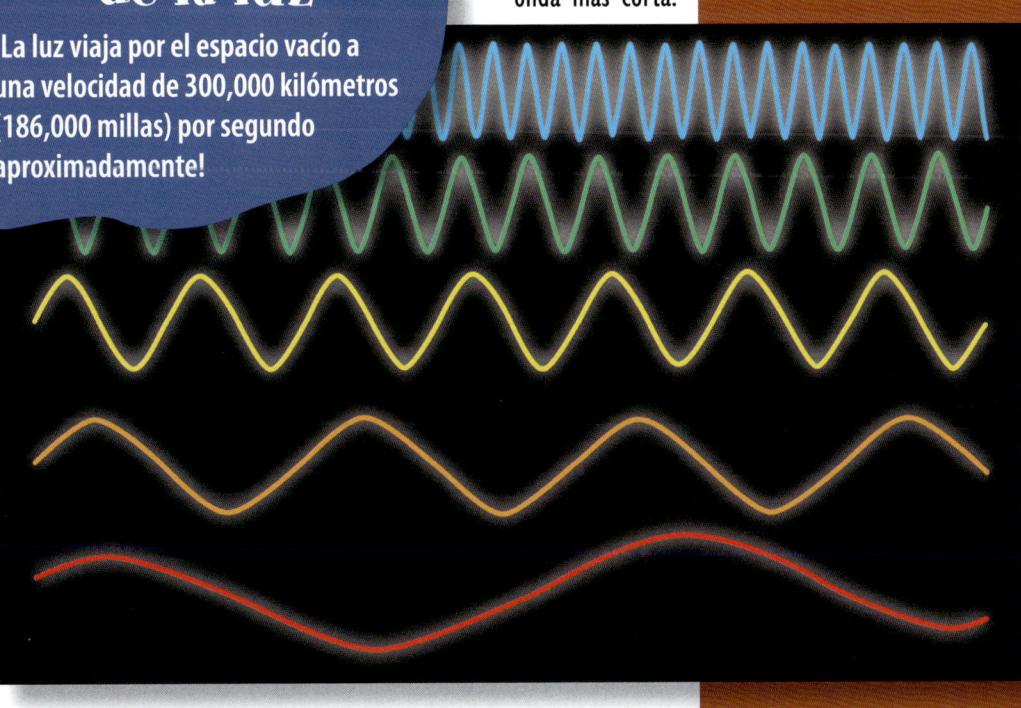

La luz roja tiene la longitud de onda más larga.

Reflexión, refracción y absorción

¿Qué sucede cuando una onda de luz choca con los átomos que forman un objeto? Pueden pasar varias cosas.

- La luz puede cambiar de dirección, o **refractarse**.

- Algunos rayos de luz pueden **reflejarse** en la superficie.

- El material puede **absorber** la luz.

Los rayos de luz se desvían cuando atraviesan la superficie de un material **transparente**. Cuando un material es transparente, la luz puede atravesarlo, y se puede ver a través de él. Este desvío de la luz se llama refracción. Se produce cuando la luz atraviesa materiales diferentes a una velocidad diferente.

Cuando una onda de energía regresa después de chocar con una superficie, se produce una reflexión. Las superficies lisas y pulidas como los espejos reflejan más luz que las superficies rugosas o irregulares.

Cuando la luz se refleja en una superficie lisa, todos los rayos de luz se reflejan en la misma dirección. Un espejo es liso, por lo que puedes ver tu imagen en él. Cuando la luz choca con una superficie rugosa, los rayos se reflejan en muchas direcciones. No puedes ver tu reflejo en un papel porque la superficie es rugosa.

Cuando la luz atraviesa el vidrio, baja la velocidad. Cuando la luz atraviesa el agua, puedes ver que la pajilla parece estar cortada a la mitad.

La óptica

La **óptica** es una rama de las ciencias que estudia el comportamiento y las propiedades de la luz. Los científicos han usado sus conocimientos sobre óptica para inventar muchos dispositivos importantes. Los microscopios nos permiten estudiar objetos muy pequeños. Los telescopios nos permiten estudiar objetos que están muy lejos. Los médicos aplican la óptica cuando recetan lentes (gafas) para corregir la vista. Los binoculares, las lupas y las cámaras son ejemplos de otros dispositivos ópticos que nos ayudan a ver. La ciencia de la óptica tiene un papel importante en nuestra vida cotidiana.

Cuando hablamos de color, la clave es la absorción. Mira la ropa que tienes puesta. ¿De qué color es? En realidad, los colores no están en la ropa. Los colores provienen de la luz reflejada y absorbida. Vemos los colores debido a la luz que se refleja y llega hasta nuestros ojos.

Sabes que la luz está formada por ondas. Cada color tiene su propia frecuencia. Cuando la luz visible choca contra un objeto, cada frecuencia se comporta de manera diferente. Algunas frecuencias son absorbidas. No las vemos. Otras se reflejan. Lo que percibimos como el color o los colores de un objeto son las frecuencias de luz que salen reflejadas.

La **luz blanca** está formada por todos los colores del arcoíris. Estos colores son el rojo, el anaranjado, el amarillo, el verde, el azul, el índigo y el violeta (RAAVAIV). Ahora mira algo rojo. Notarás que el objeto absorbe las frecuencias de los demás colores del arcoíris. Pero refleja el rojo. Tus ojos captan ese reflejo, y entonces ves que el objeto es rojo.

Lo importante es que el color no está en el objeto. Está en la luz reflejada.

La luz que atraviesa un prisma se descompone en todos los colores del arcoíris.

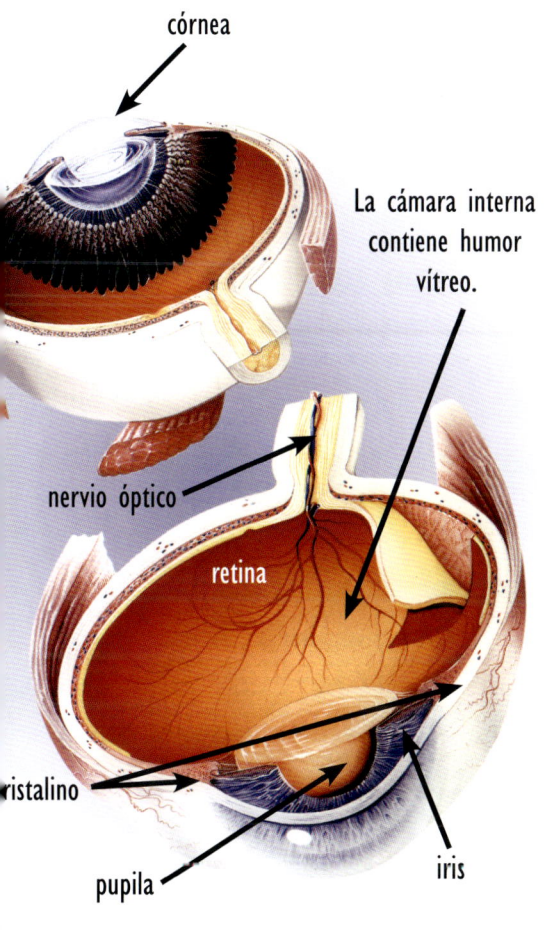

córnea

La cámara interna contiene humor vítreo.

nervio óptico

retina

cristalino

pupila

iris

El ojo

El globo ocular humano es pequeño. Mide apenas 25 milímetros (una pulgada) de ancho aproximadamente. Si bien es pequeño, tiene un papel importante en todo lo que hacemos. Es el órgano que nos da la vista. Usamos los ojos para trabajar, leer, ver películas, hacer deporte y encontrar a un amigo entre muchas personas en la escuela.

En realidad, el ojo no ve objetos. Ve luz. Los objetos reflejan ondas de luz en todas las direcciones. Los rayos de luz entran al ojo y se transforman en señales. Esas señales son enviadas al cerebro. El cerebro "ve" los objetos como imágenes visuales.

¡Brillante e iluminado!

"Arrojemos algo de luz" sobre el tema de la luz y el conocimiento. Cuando alguien es inteligente, se dice que es una "luz". Por lo general, un foco encendido simboliza una buena idea. Cuando alguien les enseña algo a otras personas, los "ilumina" sobre el tema. ¿"Ves" a lo que me refiero?

La importancia del sonido

Todos los días, nos encontramos con miles de sonidos. Ni siquiera notamos la mayoría. Detente tan solo un minuto, cierra los ojos y escucha. ¿Cuántos sonidos oyes? ¿Puedes diferenciarlos? Escucha con atención.

Pasamos los días bombardeados de sonidos. Algunos son agradables y otros, no. El placer está muy relacionado con cómo están formados los sonidos y con el ritmo de sus vibraciones. Vibrar es moverse de un lado a otro.

Las vibraciones sonoras tienen muchos propósitos. Algunos sonidos simplemente son para disfrutar. Por ejemplo, nos gusta escuchar la radio, un concierto o la música de una película. Otros sonidos sirven para alertar o advertir. Los truenos, el viento y el romper de las olas nos avisan que hay mal tiempo. Las vibraciones de un motor nos indican cómo está funcionando un auto o un camión. Un sonido fuerte nos advierte que puede haber un peligro cerca.

Al igual que la luz, el sonido viaja en forma de ondas. Los sonidos varían según cómo sea la onda. Los diferenciamos por sus vibraciones.

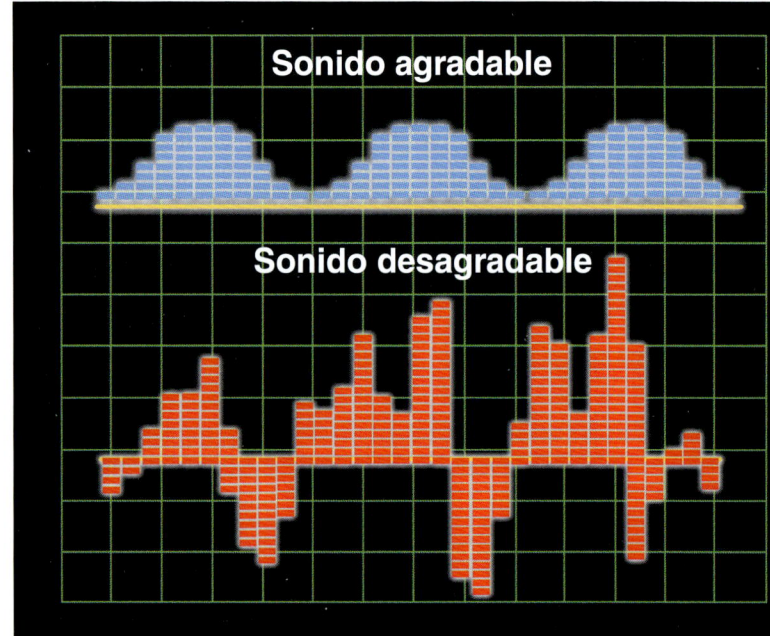

Sonido agradable

Sonido desagradable

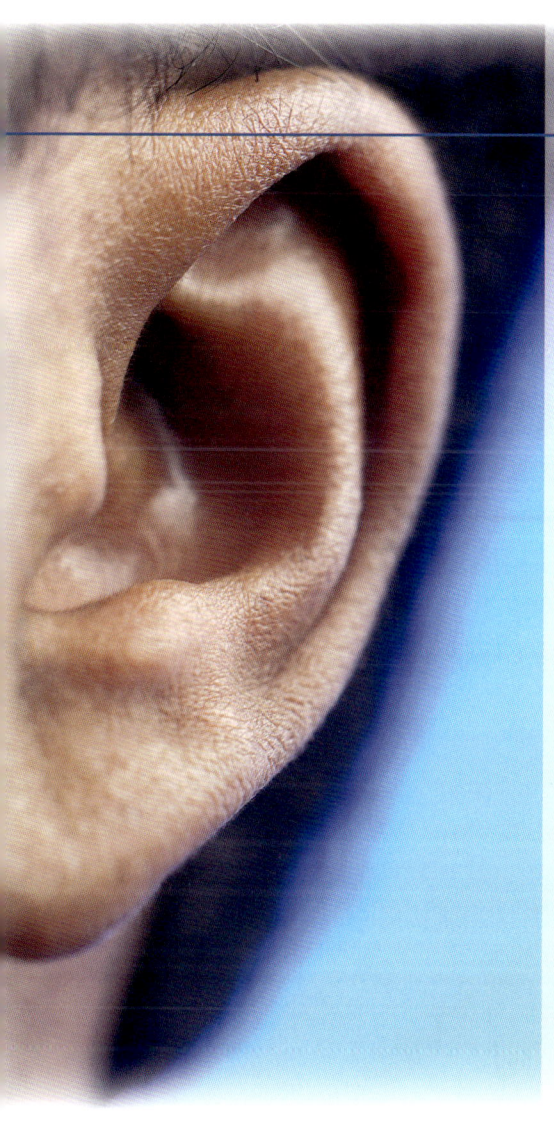

El ruido

El ruido está por todos lados: cláxones de autos, perros que ladran, bebés que lloran, cosas que se golpean y mucho más. Muchos ruidos son fuertes y, cuanto más fuertes son, más molestos se vuelven.

Todo sonido desagradable es un ruido. ¿El trueno es un ruido? Hay quienes odian su sonido. Otros disfrutan los impresionantes estruendos. Cada persona decide qué considera ruido. Por eso, la música fuerte, las sirenas y los cláxones son ruidos para muchas personas. Otras los consideran música para sus oídos.

Los sonidos fuertes pueden dañar los tímpanos y afectar la audición. Quienes trabajan en lugares con sonidos fuertes deben usar protección para los oídos.

¿Qué es el sonido?

Los oídos nos permiten captar vibraciones sonoras y transformarlas en mensajes significativos. Controlan la audición. Los nervios del oído envían impulsos al cerebro. Esos impulsos se transforman en los mensajes que oímos.

El sonido proviene de vibraciones. Tal como sucede con la luz, los átomos que están dentro de las sustancias se mueven. Ese movimiento genera **ondas sonoras**. A medida que las ondas viajan por la materia, producen vibraciones. Las vibraciones son captadas por el oído y enviadas al cerebro en forma de impulsos. El cerebro las transforma en los sonidos que oímos.

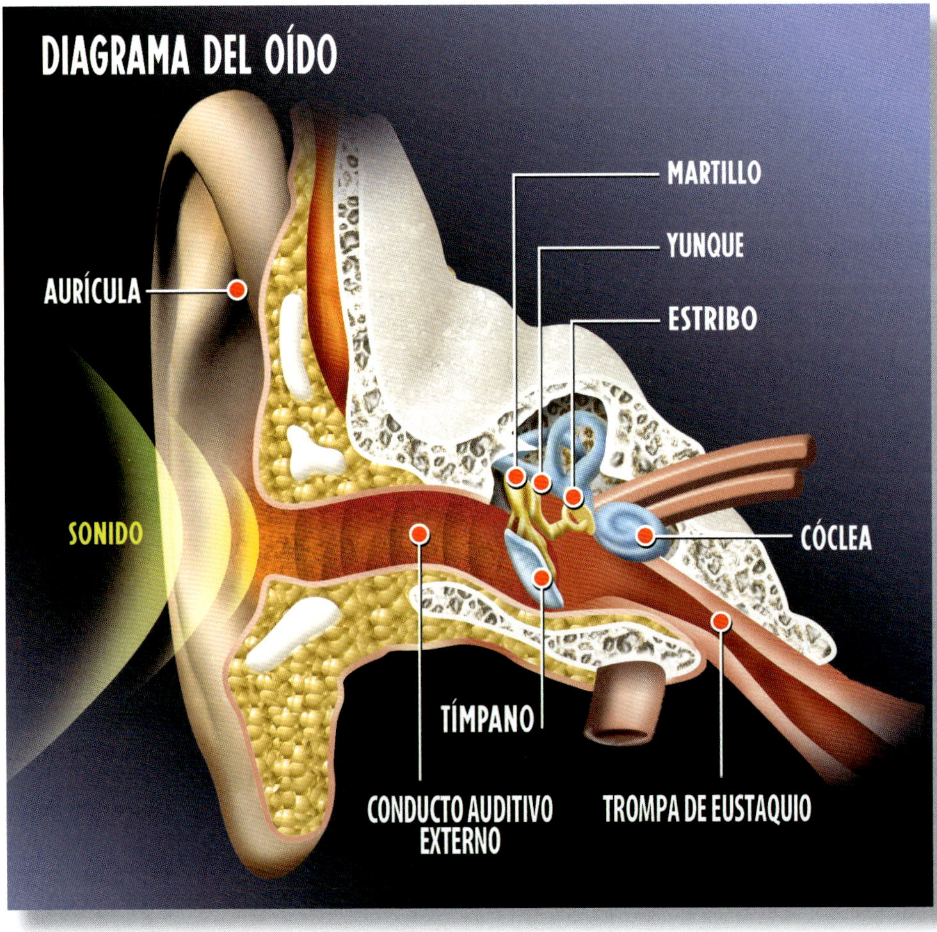

DIAGRAMA DEL OÍDO

- MARTILLO
- YUNQUE
- ESTRIBO
- AURÍCULA
- CÓCLEA
- SONIDO
- TÍMPANO
- CONDUCTO AUDITIVO EXTERNO
- TROMPA DE EUSTAQUIO

Las ondas sonoras

Las ondas sonoras no son todas iguales. Por eso oímos diversos sonidos. Los científicos han descubierto que los sonidos y las ondas sonoras pueden variar según lo siguiente:

- La longitud de onda es la distancia entre los valles que están a ambos lados de una onda.

- La amplitud es la altura de la onda sonora. Se relaciona con la sonoridad o la suavidad de un sonido. Cuando una onda es alta, el sonido es fuerte y la amplitud es grande. Cuando una onda es baja, la amplitud es pequeña y el sonido es suave.

- La frecuencia se relaciona con la velocidad. Es la cantidad de ciclos de la onda por segundo. El cerebro interpreta la frecuencia como un **tono**. Las vibraciones rápidas provocan un tono alto. Las vibraciones más lentas generan sonidos de un tono más bajo. Un pájaro que pía tiene un tono alto. Un león que ruge tiene un tono bajo.

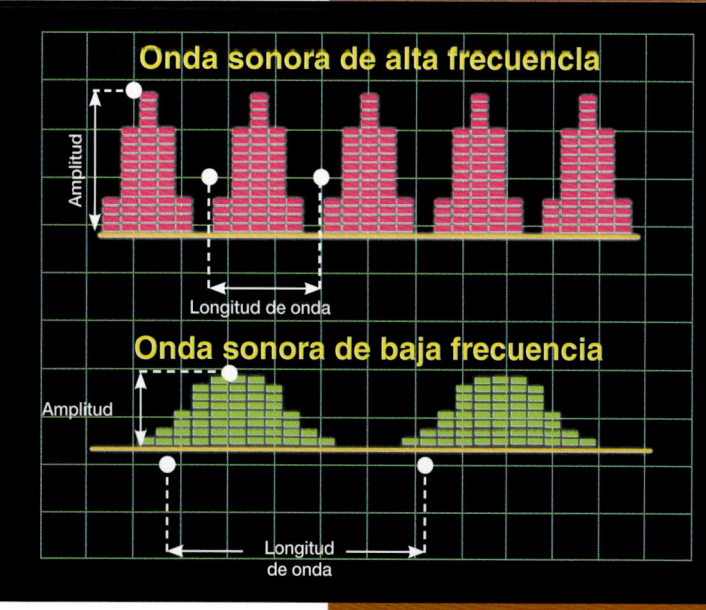

Onda sonora de alta frecuencia

Amplitud

Longitud de onda

Onda sonora de baja frecuencia

Amplitud

Longitud de onda

La velocidad del sonido

Las ondas sonoras atraviesan la materia en todas sus formas: gaseosa, líquida o sólida. La **velocidad del sonido** cambia según el estado de la materia que atraviesen las ondas. Las ondas sonoras se mueven de las siguientes maneras:

- despacio a través de los gases;
- con mayor rapidez a través de los líquidos;
- más rápido a través de los sólidos.

La temperatura también afecta la velocidad de las ondas sonoras. Las temperaturas altas hacen que el sonido viaje con mayor rapidez. A una temperatura ambiente normal, el sonido viaja a unos 343 metros (1,125 pies) por segundo. ¡Son 1,217 kilómetros (756 millas) por hora!

Las ondas sonoras rebotan en la superficie del sol y también llegan a las profundidades de su núcleo. Debido a este movimiento, el sol está lleno de notas musicales. De hecho, suena como una campana.

¡Bum!

¿Alguna vez oíste un estruendo y no supiste de dónde venía? Hay objetos, generalmente los aviones, que provocan una **explosión sónica** cuando viajan a una velocidad supersónica. "Supersónica" significa superior a la velocidad de las ondas sonoras en el aire.

Desde la tierra, la explosión sónica parece un trueno. Pero es una onda de choque producida por el avión. Cuando un avión se acerca a la velocidad del sonido, el aire que tiene delante "se acumula". No llega a irse por los costados del avión. A la velocidad del sonido, el aire estalla. Eso genera una onda de choque. El cambio repentino en la presión del aire hace ¡BUM!

Las explosiones sónicas pueden dañar edificios, pero no a las personas. El 14 de octubre de 1947, el capitán Chuck Yeager de la Fuerza Aérea de EE. UU. fue el primero en romper la barrera del sonido.

Chuck Yeager

explosión sónica detrás de un avión de combate F18

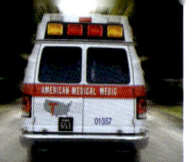

El efecto doppler

Como has leído, el tono es qué tan alto o bajo es un sonido. La frecuencia de un sonido determina su tono. Un sonido de tono alto tiene una frecuencia mayor. Un sonido de tono bajo tiene una frecuencia menor.

¿Alguna vez notaste que el tono de la sirena de los camiones de bomberos es alto cuando se acerca a ti? Luego baja a medida que el camión pasa y se aleja. ¿Qué provoca este cambio?

A medida que el camión de bomberos se acerca a ti, las ondas te llegan con una frecuencia mayor. El tono es más alto de lo que sería si el camión no se moviera.

Este cambio en el tono, provocado por el movimiento del objeto, se llama efecto *doppler*. Los bomberos que están en el camión no oyen ningún cambio en el tono. Su distancia respecto de la fuente del sonido no se modifica. El efecto *doppler* solo ocurre cuando la distancia cambia.

El tono se modifica a medida que la fuente del sonido se acerca a ti y sigue de largo mientras estás en un lugar fijo. Esto se llama efecto *doppler*.

Las vibraciones

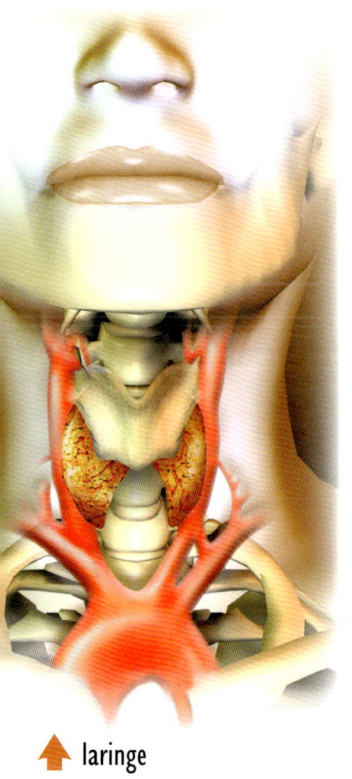

laringe

Tanto los seres vivos como los objetos pueden producir sonidos. Lo hacen de manera diferente, pero siempre mediante vibraciones.

Los seres humanos

El sonido de la voz humana se produce en la laringe. La laringe está en la garganta. Tiene dos tejidos plegados pequeños. Son las cuerdas vocales. Estas tienen un orificio por donde pasa el aire. Cuando hablamos, los músculos de la laringe se relajan y se contraen. El aire de los pulmones pasa por las cuerdas vocales tensas, que vibran y producen sonidos. Las cuerdas vocales tensas vibran rápido y producen sonidos de tono alto. Las cuerdas vocales relajadas vibran más lento y producen sonidos de tono bajo.

Los animales

Casi todos los mamíferos tienen cuerdas vocales o algo parecido. Muchos animales producen sonidos de otras maneras. Los delfines hacen chasquidos y silbidos con unos sacos de aire conectados al orificio por donde respiran. Las abejas zumban porque agitan las alas muy rápido. Las alas hacen vibrar el aire, lo que produce sonido. Otros insectos producen sonidos frotando partes del cuerpo. Los grillos "cantan" raspando sus alas delanteras unas con otras.

Las ranas llenan sus pulmones de aire y lo liberan para croar.

▲ Los diversos sonidos que producen los instrumentos de una sinfonía se mezclan y logran un efecto agradable.

Los instrumentos

Los sonidos musicales se producen de diversas maneras, pero todos dependen de las vibraciones. Los instrumentos de percusión hacen sonidos al ser golpeados. Cuando alguien golpea un tambor o una tecla de un xilófono, se producen vibraciones. Los instrumentos de cuerda, como los violines, las arpas y las guitarras, producen sonidos cuando las cuerdas vibran.

Los instrumentos de viento que son de madera producen sonidos cuando alguien sopla por la boquilla. El aire pasa por una lengüeta que vibra. La vibración viaja por el instrumento y hace que la columna de aire vibre y produzca sonido. En los instrumentos de viento metálicos, los músicos usan los labios. Los labios de un trompetista hacen vibrar el aire, que atraviesa la trompa del instrumento. El sonido sale más fuerte y en diferentes notas.

El tono musical

Los músicos y los cantantes modifican la altura tonal de los sonidos que crean. Por ejemplo, la válvula de una trompeta acorta o alarga la columna de aire que vibra. Una columna corta produce un sonido de tono alto. Al presionar las cuerdas, un guitarrista modifica la altura tonal de su guitarra. Son los cambios de tono los que en verdad le dan variedad a la música.

El ultrasonido

¿Sabías que los médicos usan ondas sonoras para obtener imágenes del interior del cuerpo? Un aparato llamado **ecógrafo** usa ondas de ultrasonido para mostrar lo que sucede dentro del cuerpo. Transforma las ondas sonoras en imágenes. Los

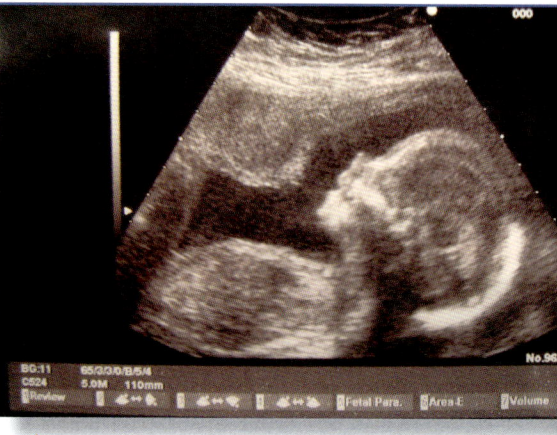

↑ ¿Sabes qué se ve en esta ecografía?

médicos consultan las imágenes producidas con ondas sonoras para tratar a los pacientes. Con una ecografía, una mujer embarazada puede ver al bebé que lleva en el vientre.

El ser humano no oye las ondas de ultrasonido. Sus frecuencias son demasiado altas. Algunos animales usan ultrasonidos para ubicar objetos y otros animales. Por ejemplo, los delfines hacen chasquidos para enviar ondas sonoras. Los chasquidos pueden recorrer una distancia similar a un campo de fútbol americano. Cuando las ondas sonoras llegan a un objeto, rebotan y vuelven al delfín. Nosotros solo podemos oír los chasquidos con equipos especiales.

← Los murciélagos emiten ondas sonoras que rebotan en los insectos que son su alimento. Esto se llama ecolocalización.

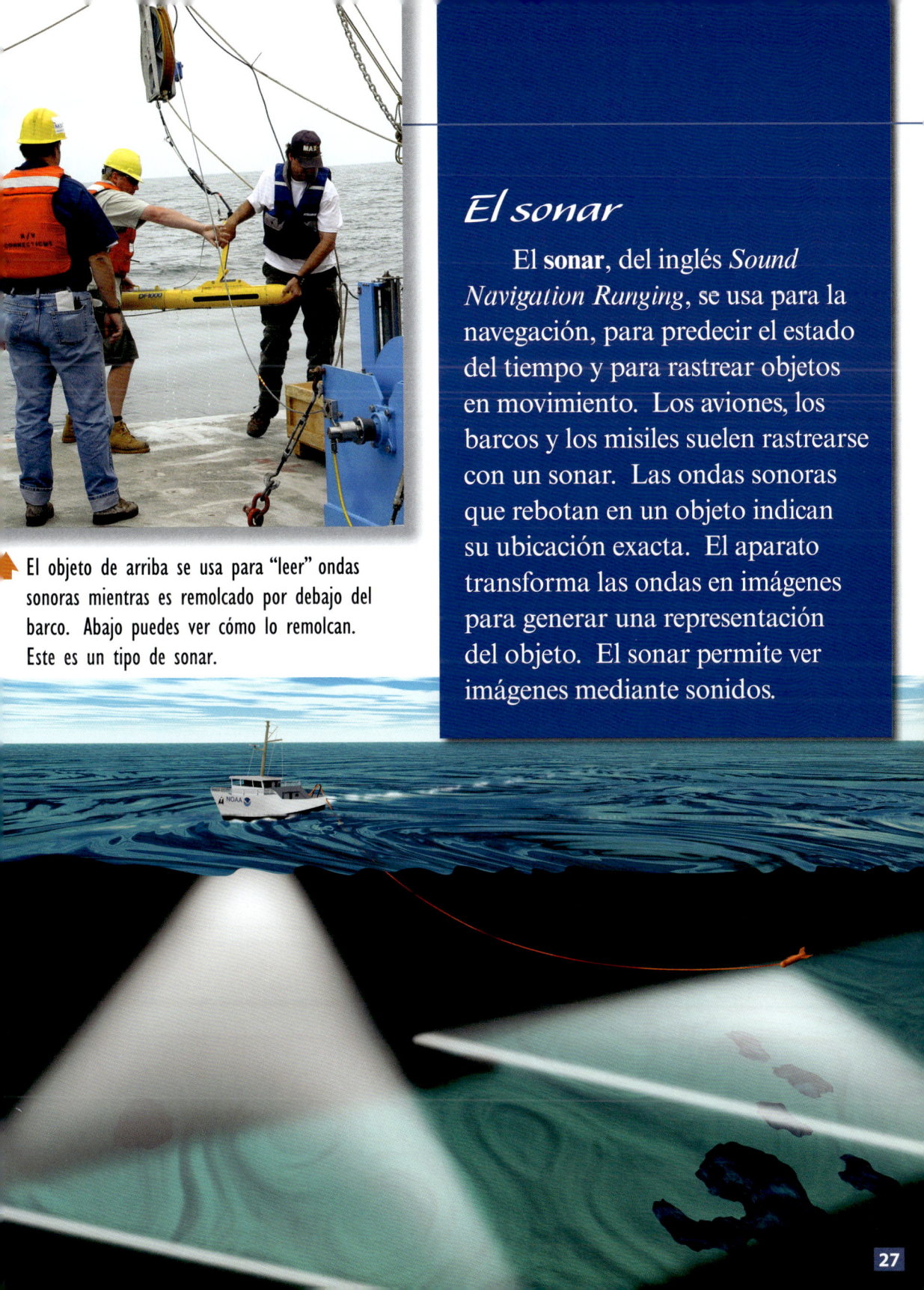

El objeto de arriba se usa para "leer" ondas sonoras mientras es remolcado por debajo del barco. Abajo puedes ver cómo lo remolcan. Este es un tipo de sonar.

El sonar

El **sonar**, del inglés *Sound Navigation Ranging*, se usa para la navegación, para predecir el estado del tiempo y para rastrear objetos en movimiento. Los aviones, los barcos y los misiles suelen rastrearse con un sonar. Las ondas sonoras que rebotan en un objeto indican su ubicación exacta. El aparato transforma las ondas en imágenes para generar una representación del objeto. El sonar permite ver imágenes mediante sonidos.

Los periscopios existen desde hace muchos años. Los tripulantes de los submarinos los usan para ver por encima del agua. Los médicos ven el cuerpo por dentro con un tipo de periscopio. Aplica los principios de la luz que se explican en este libro para hacer tu propio periscopio.

Materiales

- 2 espejos pequeños

- cartón duro

- cúter (usar siempre con ayuda de un adulto)

- pegamento (fuerte como para sostener un espejo)

- cinta de enmascarar o cinta adhesiva transparente ancha

Procedimiento

1 Construye el cuerpo de tu periscopio con cartón. Sigue el patrón que se muestra en esta página para crear un tubo hueco que sostenga los espejos. Observa la posición de las solapas. Traza el patrón sobre el cartón y recórtalo. Ten cuidado cuando hagas los agujeros redondos.

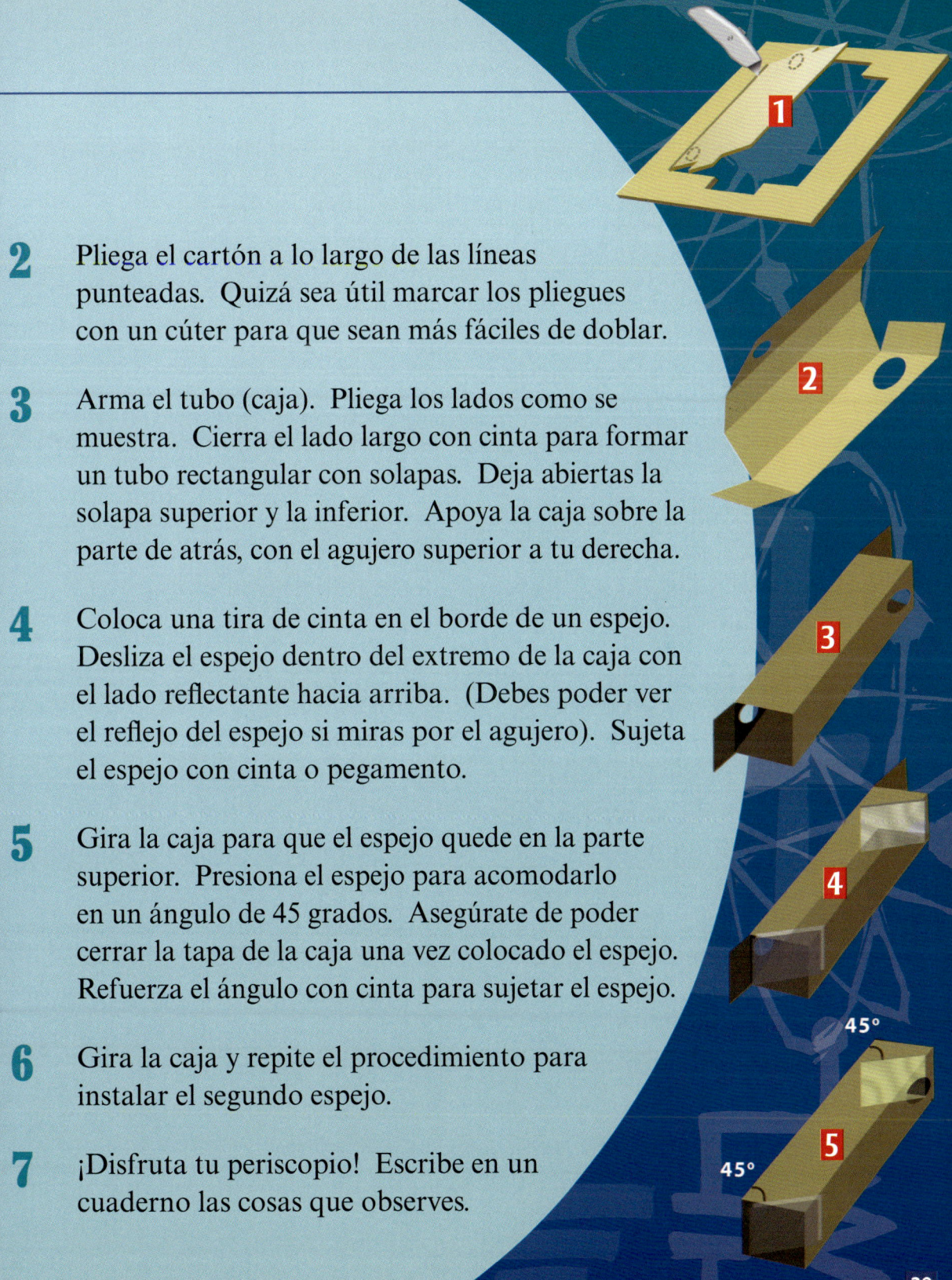

2 Pliega el cartón a lo largo de las líneas punteadas. Quizá sea útil marcar los pliegues con un cúter para que sean más fáciles de doblar.

3 Arma el tubo (caja). Pliega los lados como se muestra. Cierra el lado largo con cinta para formar un tubo rectangular con solapas. Deja abiertas la solapa superior y la inferior. Apoya la caja sobre la parte de atrás, con el agujero superior a tu derecha.

4 Coloca una tira de cinta en el borde de un espejo. Desliza el espejo dentro del extremo de la caja con el lado reflectante hacia arriba. (Debes poder ver el reflejo del espejo si miras por el agujero). Sujeta el espejo con cinta o pegamento.

5 Gira la caja para que el espejo quede en la parte superior. Presiona el espejo para acomodarlo en un ángulo de 45 grados. Asegúrate de poder cerrar la tapa de la caja una vez colocado el espejo. Refuerza el ángulo con cinta para sujetar el espejo.

6 Gira la caja y repite el procedimiento para instalar el segundo espejo.

7 ¡Disfruta tu periscopio! Escribe en un cuaderno las cosas que observes.

Glosario

absorber: retener energía radiante u ondas sonoras

amplitud: la medida de la magnitud o altura de una onda

átomos: las partículas más pequeñas de un elemento

ecógrafo: un aparato que usa ondas de ultrasonido para mostrar lo que sucede en el interior del cuerpo

energía radiante: una forma de energía que puede viajar por el espacio, p. ej., la luz visible

energía solar: la utilización de la energía del sol para producir electricidad

explosión sónica: las ondas sonoras que se acumulan y forman una onda de choque cuando una fuente viaja a la velocidad del sonido o más rápido

filamento: un hilo o alambre fino que se encuentra dentro de un foco

frecuencia: la cantidad de veces que las crestas de las ondas pasan por un lugar determinado en un segundo

longitud de onda: la distancia que hay a lo largo de una línea recta desde la cresta de una onda hasta la cresta siguiente

luz blanca: una mezcla de luz con longitudes de onda de diferentes colores que se percibe como incolora, por ejemplo, la luz del sol

ondas: sucesos periódicos que pueden considerarse perturbaciones que se propagan por un medio

ondas sonoras: forma que toma el sonido cuando pasa a través de una sustancia

óptica: la ciencia que estudia la luz

reflejarse: dicho de la luz o las ondas sonoras, rebotar en una superficie al chocar con ella

refractarse: dicho de la luz o las ondas sonoras, cambiar de dirección al ingresar a un nuevo medio

sonar: un sistema que usa ondas sonoras para encontrar objetos o medir distancias

tono: la propiedad de un sonido que está determinada por la frecuencia de las ondas que lo producen

transparente: la cualidad de un material que permite que la luz lo atraviese

velocidad de la luz: la velocidad a la que viaja la luz a través del espacio vacío

velocidad del sonido: la velocidad a la que viaja el sonido a través de un medio en determinadas condiciones

vibraciones: movimientos repetitivos de un lado a otro

Índice

Sally Ride Science

Sally Ride Science™ es una innovadora empresa de desarrollo de contenido que se dedica a incentivar el interés de los jóvenes en las ciencias. Nuestras publicaciones y programas brindan a estudiantes y maestros la oportunidad de explorar el maravilloso mundo de las ciencias, desde la astrobiología hasta la zoología. Trabajamos para hacer que las ciencias cobren vida y para mostrarles a los jóvenes lo creativas, colaborativas, fascinantes y divertidas que pueden ser.

Créditos de imágenes